CATALOGUE

D'ESTAMPES

et

PORTRAITS ANCIENS

ŒUVRE LITHOGRAPHIE

PAR HORACE VERNET

DESSINS ANCIENS ET MODERNES [Bourlon de Sarty]

*Provenant de la Collection de M. B de S****

DONT LA VENTE AUX ENCHÈRES PUBLIQUES AURA LIEU

HOTEL DES COMMISSAIRES-PRISEURS, RUE DROUOT, 5

SALLE N° 3

Le Samedi 6 Mai 1865

A UNE HEURE

l'ai le ministère de Mᵉ **SEIGNEUR**, Commissaire-Priseur,
rue Favart, 6,

Et de Mᵉ **CHARLES PILLET**, Commissaire-Priseur, rue de Choiseul, 11,

Assistés de M. **CLÉMENT**, marchand d'estampes de la Bibliothèque impériale,
rue des Saints-Pères, 3,

Chez lesquels se trouve le présent Catalogue.

EXPOSITION PUBLIQUE

Le Vendredi 5 Mai 1865, de une heure à cinq heures.

CONDITIONS DE LA VENTE

Elle sera faite au comptant.

Les adjudicataires payeront *cinq pour cent* en sus des enchères, applicables aux frais.

L'ordre du catalogue sera suivi.

—————

Paris. — Imp. PILLET fils aîné, rue des Grands-Augustins, 5

DÉSIGNATION

DES

ESTAMPES & PORTRAITS ANCIENS

1 **Anselin** (J. L.). La Belle Jardinière (Mme de Pompa-
dour), d'après Vanloo. In-folio, rogné.

2 **Beham** (Hans-Sébald). Adam et Ève (B. 6). Très-belle
épreuve.—Collection Poggi.

3 — Jeune Femme surprise par la mort (149); Achille et
Hector (68). 2 pièces.

4 — Les Deux Génies (236). Très-belle épreuve.

5 **Boissieu** (J. J. de). Douze pièces de son œuvre sur papier de Chine, dont le Champ de blé, deux Vues de la
Forêt de Fontainebleau, les Chasseurs, etc.

6 **Bolswert** (S. A.). Le Concert, d'après Jordaens. Belle
épreuve.

7 **Bosse** (Abraham). Cérémonie observée au contract de mariage passé à Fontainebleau, en présence de leurs Majestez, entre Uladislas IV du nom, roy de Pologne, etc., et Louise Marie de Gonzague, princesse de de Mantoue et de Nevers, le 25ᵉ jour de septembre 1645. Très-belle épreuve, avec une petite marge.

8 — L'Accouchée; l'Enfance. 2 pièces.

9 **Beauvarlet** (J. F.). J.-B. Poquelin de Molière, d'après S. Bourdon. In-folio. Belle épreuve.

10 **Boulanger** (H.). Catherine-Agnès de Saint-Paul Arnauld, abbesse de Port-Royal, d'après Ph. de Champagne. In-folio. Belle épreuve.

11 **Drevet** (P.). Pierre Nicolas Couvay, secrétaire d'État, d'après Tournière. In-folio. Belle épreuve.

12 **Durer** (Albert). La Vierge à la couronne d'étoiles et au sceptre (B. 23). Très-belle épreuve. — Collection Debois.

13 — La Vierge aux cheveux courts, liés avec une bandelette (B. 33). Très-belle épreuve, signée au verso : *P. Mariette 1664, et Debois.*

14 — La Vierge allaitant l'Enfant Jésus (B. 34). Très-belle épreuve provenant des mêmes collections.

15 — Saint Georges à pied (B. 53). Belle épreuve. Le coin supérieur gauche est restauré.

16 **Durer** (Albert). L'Assemblée des gens de guerre (B. 88). Très-belle épreuve, mais doublée. Collection Poggi.

17 — Le Joueur de cornemuse (B. 91). Très-belle épreuve. De la même collection.

18 — La Mélancolie. Copie par J. Wierix.

19 **Durer** (d'après). Le Cheval de la Mort; Saint Jérôme dans sa cellule; Vierge, par Sadeler; Judith; David et Goliath, par Saenredam. 5 pièces.

20 **Dyck** (d'après Antoine Van). Thomas Willeborts Boos- chaerts, peintre, par un anonyme. In-folio. Belle épr., avec l'adresse de Martin Vanden Enden.

21 — Charles-Louis, comte palatin du Rhin, par Hollar. Belle épreuve.

22 — Engelbert Taie, par C. Galle. 1er état; Marguerite de Lorraine, par Bolswert. 2 portraits.

23 — Les deux Comtes et les dix Comtesses, par Lombart. 12 portraits. Belles épreuves.

24 — Corneille Poelemburg, par P. de Jode; P. de Jode; Jeanne de Blois; Marie d'Aremberg. 4 portraits.

25 — Inigo Jones, par Van Voerst; Marselaer, par Lomme-

lin ; Jeanne de Blois, par P. de Jode ; Marie, comtesse d'Aremberg. 4 portraits.

26 **Flipart** (J. J.). Mme Favart, d'après C. Cochin. In-8°. Belle épreuve, avec marge.

27 **Fragonard** (d'après H.). La Famille du Fermier, par Romanet. Belle épr. avant la lettre, avec toute marge.

28 **Holbein** (d'après). Collection de soixante-dix Portraits de personnages de la cour de Henri VIII, publiés par John Chamberlaine. 1 vol. in-folio, avec texte en porte-feuille. (Complet.)

29 **Houbraken** (J.). Th. Wentworth, comte de Strafford, d'après Van Dyck; Fleetwood, lieutenant général, d'après Walker. 2 portraits. In-folio. Belles épreuves.

30 **Hubert**. Le Baron de Breteuil, secrétaire d'État, d'après Vanloo. In-folio. Belle épreuve.

31 **Lancret** (d'après N.). Le Concert pastoral, par Joullain. Belle épreuve, avec marge.

32 **Landry** (P.). Louis de Bourbon, prince de Conti, d'après Gribelin. In-folio. Belle épreuve.

33 **Lepautre** (J.). Cheminées, 10 pièces ; Plafonds, 6 pièces ; Miroirs et guéridons, 4 pièces ; Alcôves et autres décorations, 22 pièces. Ensemble, 42 pièces.

34 **Leyde** (Lucas de). Le Seigneur et la Dame (B. 146). Belle épreuve.

35 **Montcornet** (B.). Anne Martinozzi, princesse de Conti. In-4°. Belle épreuve.

36 **Moreau** (d'après). Suite de 17 vignettes et 5 portraits pour les OEuvres de Voltaire. In-8°.

37 **Morin** (Jean). Duvergier de Hauranne (Jean), abbé de Saint-Cyran, d'après Champagne (82). Belle épreuve.

38 **Nanteuil** (Robert). Barillon de Morangis (Antoine), conseiller d'État (31). Très-belle épreuve.

39 — Bartillat (Étienne de), garde du Trésor royal (32). Très-belle épreuve du 1er état.

40 — Bellièvre (Pomponne de), premier président au parlement de Paris (37). Très-belle épreuve du 2e état.

41 — Blondel (David), ministre protestant (41). Belle épr. du 1er état.

42 — Bouillon (Emmanuel-Théodose de la Tour d'Auvergne, cardinal de) (51). Très-belle épr. du 1er état.

43 — Bragelone (Marie de), veuve de Claude Le Bouthillier, surintendant des finances (57). Belle épreuve.

44 **Nanteuil** (Robert). Castelnau (Jacques, marquis de), maréchal de France (58). Très-belle épreuve, avec grandes marges.

45 — Chamillart (Gui), maître des requêtes de l'hôtel (59). Belle épreuve.

46 — Chaubart (N.), conseiller au parlement de Toulouse (64) ; Lallemant (Pierre), prieur de Ste-Geneviève (117), 1er état. 2 portraits.

47 — Colbert (Jean-Baptiste), contrôleur général des finances (71).

48 — Fouquet (Basile), abbé de Barbeaux, chancelier des ordres du roi (97). Belle épreuve.

49 — Dunois (Jean-Louis Charles d'Orléans-Longueville, comte de), (86). Belle épreuve.

50 — Jeannin (Pierre), surintendant des finances (112). Belle épreuve.

51 — Loménie de Brienne (Henri-Auguste de), secrétaire d'État (148). Très-belle épreuve du 1er état.

52 — Louise-Marie de Gonzague, reine de Pologne (164). Belle épreuve.

53 — Mazarin (Jules), cardinal-ministre d'État (174). Belle épreuve du 1er état.

54 **Nanteuil** (Robert). Molé (Edouard), président à mortier au parlement de Paris (193). Belle épreuve.

55 — Neufville (Ferdinand de), évêque de Chartres (203). Belle épreuve.

56 **Petit**. Françoise-Marguerite de Sévigné, comtesse de Grignan. In-8°. Belle épreuve.

57 **Poinsart** (J.). Pourtraict d'une tapisserie faite y a deux cens ans, ou est représenté le roy Charles VII, allant faire son entrée en la ville de Rheims, pour y estre sacré a la conduite de la Pucelle d'Orléans. 1429. In-fol. obl. Belle épreuve. (Rare.)

58 **Porporati** (S.). Suzanne au bain, d'après Santerre. Belle épreuve, avant la réception, avec marge.

59 **Raimondi**. Le Joueur de Guitare, d'après Francia. Ancienne épreuve.

60 **Rembrandt**. Portrait de Rembrandt, au bonnet orné d'une plume (20); Rembrandt dessinant (22); Vieillard à grande barbe. 3 portraits.

61 — Abraham caressant Isaac (33); Abraham avec son fils Isaac (B. 34), et la copie; Joseph racontant ses songes devant sa famille (37). 3 pièces.

62 — Joseph et la Femme de Putiphar (39).

63 **Rembrandt**. L'Ange qui apparaît à la famille de Tobie (43); la Nativité (45); la Circoncision (47). 3 pièces.

64 — L'Annonciation aux Bergers (44); la Mort de la Vierge (99): Présentation au temple (49). 3 pièces.

65 — L'Adoration des Bergers (46); Fuite en Egypte (53); les Disciples d'Emmaüs (87). 3 pièces.

66 — Fuite en Egypte (55); la Sainte Famille (62); Jésus au milieu des docteurs (64). 3 pièces.

67 — Fuite en Egypte (52); le Christ en croix (80); le Petit Orfévre (123). 3 pièces.

68 — Le Denier de César (68); la Descente de croix (83); Baptême de l'Eunuque (98). 3 pièces.

69 — La Samaritaine (70 et 71); Petite Résurrection de Lazare (72); l'Etoile des Rois (113). 4 pièces.

70 — Saint Jérôme en pénitence (102); Martyre de saint Etienne (97); David en prière (41); Décollation de saint Jean (92). 4 pièces.

71 — Saint Jérôme (105); Pierre et Jean à la porte du temple (94); Jésus chassant les vendeurs du temple (69); Retour de l'Enfant prodigue (90). 4 pièces.

72 — Musiciens ambulants (109); Mendiants à la porte d'une maison (176). 2 pièces.

73 **Rembrandt.** La Faiseuse de kouks (124); Paysan avec Femme et Enfant (131). 2 pièces.

74 — Le Jeu du kolff (125); le Joueur de cartes (136); Repos en Egypte (57); le Maître d'école (128). 4 pièces.

75 — La Synagogue (126); Trois Figures orientales (118); le Persan (152). 3 pièces.

76 — Gueux debout (163); Gueux et Gueuse (164); Vieille Mendiante (171). 3 pièces.

77 — Femme nue, les pieds dans l'eau (200); Négresse couchée (205). 2 pièces.

78 — Le Dessinateur d'après le modèle (192); Figures académiques d'hommes (194); les Baigneurs (195); Homme nu assis à terre (196). 4 pièces.

79 — L'Abreuvoir de la vache (237); Vieille femme assise (344); Homme à moustaches relevées, et assis (321). 6 pièces.

80 — Le Docteur Faustus (270).

81 — Clément de Jonghe (272); Wtenbogardus (279). 2 p.

82 — Abraham France (275); Jean Asselin (277); le Jeune Haaring (275); le G^d Coppenol (283). 4 pièces.

83 **Rembrandt**. Figure d'un Vieillard à courte barbe (151); la Femme avec la calebasse (168); Gueux estropié (179). 2 pièces.

84 — Vieillard à grande barbe et calotte (295); Vieillard assis lisant, par F. Bol; Buste de Vieillard à grande barbe, par J. Livens. 3 pièces.

85 — Griffonnements avec cinq têtes de Femmes (365); Trois têtes de Femmes, dont une qui dort (368). 2 p.

86 — Le Bourgmestre Six; le Petit Coppenol; l'Avocat Tolling. 3 pièces. Copies par Basan.

87 — Adam et Ève; la Bohémienne espagnole; Portraits de Rembrandt; Paysages, etc. 12 pièces. Copies d'après Rembrandt.

88 — Portraits et têtes d'Hommes. 30 pièces, d'après Rembrandt.

89 **Rodermont** (M.). Jacob et Esaü (B. 771).

90 **Van Schuppen** (P.). Marie-Angélique Arnauld, abbesse de Port-Royal, d'après Ph. de Champagne. In-fol. Belle épreuve.

91 — Mme Deshouillères, d'après Mlle E. Cheron. In-8°. Belle épreuve.

92 — Michel Le Tellier, secrétaire d'État. In-folio. Belle épreuve.

93 **Thomassin** (S.). Louis, duc de Bourgogne. In-folio.
Belle épreuve.

94 **Watteau** (d'après Antoine). La Danse paysanne, par
B. Audran. Belle épreuve.

95 — Les Agréments de l'été; la Contredanse; l'Amour au
Théâtre-Français. 3 pièces.

96 — Trois Sujets pour panneaux, par Huquier, etc. 5 p.

97 — Marie-Thérèse Charlotte de France, Madame, née à
Versailles, le 19 décembre 1778. In-4º.

98 **Thevenin** (J. C.). Madonna della Tenda, d'après Raphaël. Epreuve avant la lettre, encadrée.

— La même Estampe. Epreuve avec la lettre.

99 **Bonnington** (d'après). Le Billet doux; Anne Page et
Stender. 5 pièces avant et avec la lettre, gravées par
Reynolds.

100 **Langier**. Sainte Anne, la Vierge et l'Enfant Jésus, d'après Léonard de Vinci.

101 — Vœu à la Madone; l'Horoscope de Sixte-Quint, d'après Schnetz; les Adieux au monde, d'après Mme Haudebourt-Lescot; Properzia de Rossi, d'après Ducis.
4 pièces.

102 Laugier. La Famille affligée, d'après Robert; la Famille indigente; Psyché enlevée par les Amours, d'après Prudhon; la Nymphe, d'après Lancrenon. 4 pièces.

103 — Mort de Roland, d'après Michallon; la Leçon de Henri IV; Henri IV, Sully et Gabrielle, d'après Fragonard; Rebecca enlevée par le templier, d'après L. Cogniet. 4 pièces.

104 — Le Tasse à Saint-Onofrio, d'après Robert-Fleury; le Lévite d'Ephraïm, d'après Couder; la Marée d'équinoxe, d'après Roqueplan; la Dame de Charité, d'après Mme Haudebourt. 4 pièces.

104 *bis.* — Livre de diverses perspectives et paysages faits sur le naturel, mis en lumière par Israël Silvestre, avec privilège du roi. 1650. Un vol. petit in-folio oblong. 59 planches.

105 **Vernet** (Horace). Son Œuvre en 218 pièces, dont plusieurs doubles avec remarques, et l'un des plus complets qui aient été formés jusqu'à ce jour, sera mis en vente en totalité; s'il n'est point trouvé d'acquéreur, on le divisera par séries, comme suit :

106 — Portraits de Horace Vernet, par Boilly, Baugniet, Dantan et autres. 11 pièces.

107 — Mme Perregaux en buste et une copie, par Denon; Mme Perregaux debout, les bras croisés. 3 pièces. (Rares).

108 — Boyer, président d'Haïti, 2 épr.; Carle Vernet en

buste, 2 épr., dont une avant le changement à la figure ; Carle Vernet debout. 4 pièces.

910 **Vernet** (Horace). Le Petit Oiseleur. Rare.

110 — Louis-Pierre Louvel ; Mavro-Cordato, chef du gouvernement de Grèce, 2 épr. ; Chauvelin ; Dupin aîné, avocat. 5 pièces.

111 — Mahomet Ali-Pacha, 1er et 2e états ; el General Quiroga ; Mort du prince Joseph Poniatowski. 4 pièces.

112 — Linné, 2 épr. ; Perlet, 2 épr. ; Talma, rôle de Sylla. 5 pièces.

113 — Le Général Schmitz, 2 épr., dont une sur Chine avant la lettre ; le Général Foy, 2 portr. ; Port. de Chambure, avec la vignette. 5 pièces.

114 — M. de Verdière à cheval, en colonel de hussards.

115 — Le Général Sébastiani ; Pie VIII, avant la lettre, 2 épr. ; Brod, premier hautbois de l'Académie de Musique. 4 pièces.

116 — Le Comte Muraire, premier président à la Cour de cassation. (Rare.)

117 — Mme la maréchale Macdonald, en buste. (Rare).

118 — M. Bruzard. 2 différents portraits.

119 — Pierre Guérin. 2 épreuves, dont une d'essai.

120 **Vernet** (Horace). Le Prince Édouard de Gagarine,
en costume de page.

121 — Lancier de l'ex-garde impériale en vedette; Napoléon debout à l'île d'Elbe; Grenadier assis sur les débris
d'un affût, 1er état; Grenadier de la garde le bras en
écharpe; Grenadier à pied ex-garde. 5 pièces.

122 — A la Grâce de Dieu. 2 épreuves, dont l'une avant l'a-
dresse de l'imprimerie lithographique.

123 — Blessés français attaqués par des Cosaques. 3 épreuves, dont 2 avec l'adresse de la rue Cassette.

124 — La Pièce en batterie; la Pièce en action; Mathilde et
Maleck-Adhel : les Adieux; la Cuisine militaire; la Cuisine au bivouac. 5 pièces.

125 — Soldats jouant à la drogue; les Suites du jeu de la
drogue; la Réconciliation. 3 pièces.

126 — Tombeau du général Moncey; Mort de Tancrède;
Passage d'une rivière; un commissionnaire portant une
pierre lithographique. 4 pièces.

127 — Scène d'Auvergne, avec la première adresse.

128 — Bivouac français; Prise d'une redoute; *A Stage-
Coach*; Malle-poste. 4 pièces.

129 — Don Quichotte; Paysanne filant en gardant ses va-
ches; Officier d'artillerie parlant à un soldat démonté;

Embuscade d'infanterie contre les Cosaques; Trois Hommes dans une barque; Deux Soldats ivres s'embrassant; Invalide faisant sauter un enfant; Grenadier sentinelle dans la neige; 2 épr., dont une avant la lettre; Procession rentrant au couvent, 10 pièces.

130 **Vernet** (Horace). Turc avec sa maîtresse, surpris par des assassins. 1er état, avant que la pierre ait été brisée.

131 — Vie du jeune Grivet. 5 pièces avant la lettre.

132 -- Route de Naples; Famille de hussard au bivouac; *Conrad sauve Gulnare de l'incendie;* Tirailleur derrière un mur; l'Apprenti cavalier. 5 pièces.

133 — Soldat blessé à cheval, conduit par un paysan; Jeune Soldat jouant du flageolet; Grec assis près de sa maîtresse; Une Plage; Combat d'infanterie; Moine debout; Religieuse dans un *in pace;* Deux Chevaux de ferme dans un hangar; Cheval de Cosaque broutant un sapin. 9 pièces.

134 — Lazzarone debout, assis sur un parapet : la pierre s'est cassée et n'a tiré que quelques épreuves; Lazzarone debout, appuyé sur un long bâton. 2 pièces.

135 — *Manfred et le Chasseur;* Artillerie allumant une mine, avant la lettre; Escorte russe, 2 épr., dont une avant la lettre; Soldat, je le pleure, avant la lettre; Débarquement de marins armés; la Sœur de Charité; le Général Maurice Gérard à Kowno, 2 épr., dont une avant la lettre; les Osages. 10 pièces.

136 **Vernet** (Horace). Scène historique aux environs de Barcelone. 2 épr., dont une avant la lettre.

137 — Les Fourrageurs; *Petits! petits! petits!* — *Tiens ferme!* Leicester et Amy Robsart; Naufrage de don Juan, 2 épr., dont une avant la lettre; Chevaux de poste anglais; Marchand d'esclaves; Marchand de poissons hollandais; *Chien de métier!* — *Coquin de temps!* — *Gredin de sort!* — *J' te vas descendre;*—*Qui dort dîne*; Écossais combattant; le Serment. 16 pièces.

138 — La Fiancée d'Abydos; *Mon caporal, je n'ai pu avoir que ça!* — *Mon lieutenant, c'est un conscrit!*—*C'* n'est pas un lapin, non c'est l' chat! 2 épr., dont une avant la lettre; Soldats français instruisant des Grecs, 2 épr., dont une avant la lettre; le Rendez-vous; Vue du lac Majeur. 9 pièces.

139 — Courrier à cheval, 2 épr., dont une sur Chine; les Forçats, épr. avant la lettre; Garde-bœuf, 2 épr , dont une avant la lettre et le titre; *Sepulcro di Rafaello di Urbino,* 3 épr. 8 pièces.

140 — Paysan parlant à un chasseur; Tête de chien braque; Chien courant; Chasseur africain; Repos de chasseur, avant la lettre; Chasseur appuyé contre un mur, 2 épr. avant la lettre. 7 pièces.

141 — Chasseur rentrant un chien au chenil, 2 épr., dont une biffée; Garde au bois avec un chien courant, tenant une branche d'arbre, croquis inachevé. 3 pièces. (Rares.)

142 **Vernet** (Horace). *Garde furet à blanc ; le Braconnier,*
2 épr., dont une avant la lettre ; *Battue en plaine ; Battue
au bois,* 2 épr. avant la lettre ; *Allons, bonne chance ;
Après, après la chasse, mes beaux ; Ça rapproche ; Hallali ;
Départ pour la chasse au marais ; Chasse au marais ;* Lever
du valet limier ; Rapport du valet limier ; Hallali du cerf.
15 pièces.

143 — Suite de vingt pièces pour les Fables et les Contes de
La Fontaine (lith. d'Engelmann).

144 — Suite de dix-huit sujets pour la Henriade, avec trois
pièces doubles et de remarque. Epreuves sur chine.

145 — Éclaireur du premier rang ; Éclaireur du deuxième
rang.

146 — *Manejo del Sable.* Collection de 40 costumes militaires
espagnols. 1819. Le titre est par H. Vernet.

147 — W. Pitt ; Tombeau de Ch. Fox. 2 pièces.

148 — Sept culs-de-lampe extraits des Voyages pittoresques
de l'ancienne France et deux pièces doubles ; Entrée du
port du Havre. 2 épr., dont une avant la lettre. 11 p.

149 — Croquis très-peu avancé pour le Martyre de saint
Valérien.

150 — *Voyage en Afrique :* Six des naufragés... ; Camp de
Sidi-Hamet. — *Voyage en Arménie :* Combat d'un Kurde
et d'un Persan, 2 épr. ; Intérieur d'un jardin à Constan-

tinople; Paysage, par Bourgeois; Ismaël et Mariam, 2 épr., dont une avant la bordure; Massacre des mameluks dans le château du Caire, 2 épr., dont une avant la retouche. 10 pièces.

151 **Vernet** (Horace). Cours de Honomie...: Billet d'entrée pour le cours professé par M. Héreau; Tableau du squelette de l'homme.

152 — Enfance de Napoléon; Pont d'Arcole; Retour de Syrie. 3 pièces.

153 — Vignette pour un déjeuner hebdomadaire des gardes nationales; Grenadier à pied, ex-garde. 2 pièces.

154 — Partisan volontaire, 1er état, avec l'adresse au-dessous; *En fin fond des forêts...*, etc. 2 pièces.

155 — Vignette pour un livre de M. Mac-Mahon; *Edith au col de cygne;* le Duc d'Orléans à Vendôme; le Tombeau de Poniatowsky. 4 pièces.

156 — Le Champ d'Asile, 2 épreuves, dont une sur chine; Jeune Paysanne assise à âne. 3 pièces.

157 — Le Paria de Bengalore; Il Flauto Magico, sur chine; la Clémence de Titus; Don Juan; les Petites musiciennes. Ces deux dernières sur chine. 5 pièces.

158 — Trente pièces diverses de la Galerie du Palais-Royal; le Manége, 15 croquis. Ensemble 55 pièces, d'après Horace Vernet.

DESSINS

----

159 Amerighi (Michel-Ange), dit le Caravage. Composition de quatre figures d'hommes regardant un autre couché à terre. Au bistre rehaussé de blanc.

160 Balen (Jean Van). Sujet mythologique. A la plume, lavé de bistre.

161 Barbieri (Francesco), dit le Guerchin. Grande voûte sous laquelle sont plusieurs figures. A la plume, lavé de bistre. Collection Crozat. — Jeune homme coiffé d'une toque. A la sanguine. 2 dessins.

162 — Quatre enfants assis, tenant chacun nn livre. A la plume lavé.

163 Berghem (N). Pâtre gardant son troupeau. Beau dessin à la plume, lavé de bistre et d'encre de Chine; il est accompagné de la gravure, par Vischer. Collection Revil.

164 Boissieu (Jean-Jacques de). Deux arbres près d'une mare; dans le fond une chaumière; à gauche un berger et des chèvres. Très-beau dessin à l'aquarelle.

165 — Route parcourue par deux cavaliers. A l'aquarelle, signé et daté de 1793.

166 **Boissieu** (J.-J. de). Paysage composé : à gauche vue de Tivoli, à droite les îles d'Ischia et de Procida. A l'encre de Chine, signé et daté de 1782.

167 — Paysage : sur le devant deux hommes assis lisant. Un grand arbre au milieu d'un paysage. 2 dessins à l'encre de Chine.

168 **Boucher** (François). Intérieur de paysans : on voit une jeune mère faisant manger son enfant; derrière elle est son mari; à ses pieds une jeune fille tenant un chat. Charmant dessin à la plume lavé de bistre.

169 **Caldara** (Polidore). Frise d'amours. Au bistre, rehaussé d'or.

170 — Homme nu assis, parlant à deux gentilshommes; saint debout, par un maître italien. 2 dessins à la plume et au bistre.

171 **Cantarini** (Simon), dit le Pésarèse. La Sainte Famille entourée d'anges. A la Sanguine. Autre Sainte Famille. A la plume. 2 dessins.

172 — Nativité. A la plume, lavé d'indigo. -- La Déposition de la Croix. A la sanguine. 2 dessins.

173 — Homme nu. A la Sanguine; saint en prière. A la plume. 2 dessins.

174 **Chardin** (J. B. L.). Jeune fille tenant un panier. A la mine de plomb, rehaussé de sanguine.

175 **Corrège** (Antonio Allegri), dit le. Deux enfants tenant une draperie et un autre couché. A la sanguine.

176 **Daguerre.** Ruines dans un paysage, au bistre.

177 **Daubigny**. Les Feux-Follets. A la mine de plomb.

178 **Dietricy.** Prédication dans le désert. A la plume et au bistre.

179 **Dumonstiers.** (D.). Portrait de Mlle d'Aumale l'aisnée 1594. Aux trois crayons.

180 **Durer** (Albert). La vierge aux cheveux courts, liés avec une bandelette. A la plume, lavé, portant le monograme et la date de 1514. — Collection du marquis de Lagoy. Gravé par le maître.

181 — Huit études de têtes du Christ et de saintes. A la plume. rehaussé d'aquarelle.

182 **Dyck** (Antoine Van). Marie, princesse d'Aremberg. Au crayon noir; gravé par P. Pontius.

183 — Jeanne de Blois. Au crayon noir; gravé par P. de Jode.

184 — Le Christ mis au tombeau. A la plume. lavé de bistre; accompagné de la gravure.

185 — Deux portraits d'hommes et un buste d'enfant. A la plume et au bistre.

186 **Dyck** (Ant. Van, d'après). Portrait de Van Dyck ; portrait de Marie de Médicis, d'après Rubens. 2 dessins aux trois crayons.

187 **École française.** Six Dessins, par Leprince, Lesueur, J. Vernet, Wille, Boinot et David de Marseille.

188 **École hollandaise.** Quatre Dessins, par Both, P. Potter, Cuyp et Dirck Van Berhem.

189 — Quatre Dessins, par Weirotter, Mommers.

190 **École italienne.** Cinq Dessins, par Manfredi, P. Pérugin, etc.

191 — Quatre Dessins à la plume, par Fialetti et autres.

192 **Fragonard** fils. Projet d'une fontaine dans le style de la Renaissance. Ce dessin a été lithographié. Au bistre, rehaussé de blanc.

193 **Gérard** (F.). Buste de l'Impératrice Joséphine sur un piédestal dans un jardin ; aux deux côtés sont deux volières sur des jets d'eau. A l'aquarelle.

194 — Vénus et Adonis. Signé et daté de 1796. A la sépia, rehaussé de blanc.

195 — Bélisaire conduit par une jeune femme ; Bélisaire et son fils. 2 dessins de forme ronde, à la pierre noire, lavés de bistre.

196 **Géricault**. Croquis à la mine de plomb.

197 **Girodet-Trioson**. La Naissance de Vénus. A la pierre noire, lavé et rehaussé.

198 — Pygmalion et Galathée. A la pierre noire, lavé et rehaussé.

199 **Goyen** (Jean Van). Marine. A la plume, lavé.

200 **Hamilton**. La Prisonnière ; Vue de Venise, par Lessore. 2 dessins à l'aquarelle.

201 **Huet** (J.-B.). Deux jeunes Filles surprises par deux jeunes gens, joli croquis à la plume lavé, signé et daté de 1778 ; Veau mort attaché. A la sanguine. 2 desins.

202 **Huysum** (Jean Van). Paysage. A la plume, lavé de bistre.

203 **Klerk** (W. de). Rochers au bord de l'eau. A l'encre de Chine et au bistre.

204 **Knicp** (C. H.). Vue du Vésuve. Au bistre, signé et daté de 1823.

205 **Ingres** (M.). Œdipe et le Sphinx. Au crayon noir, rehaussé.

206 **Lagendyek**. Combat de cavalerie. A l'encre de Chine, lavé de bistre et rehaussé.

207 **Lantara**. Paysage : dans le fond on voit une ville. A la
pierre noire, signé.

208 **Lespinasse** (le chev. de). Vue du Palais-Royal, des
galeries du jardin, gravée par par Vérien frères. A la
plume, lavé d'aquarelle, signé et daté de 1785.

209 **Leyde** (Lucas de). Sainte Madeleine. A la plume, lavé,
portant le monogramme. Collection du Mis de Lagoy.
Gravé par le maître.

210 — La Vierge couronnée, tenant l'Enfant Jésus. Dessin
dans un losange à la plume lavé

211 **Loutherbourg** (P. J. de). Les Voleurs et l'Ane. A
l'encre de Chine et à la mine de plomb. Ce dessin est
accompagné de la gravure, par Zentner.

212 **Meers de Jonge** (J. Van der). Troupeau conduit par
un homme et une femme. A l'aquarelle.

213 **Meulen** (Fr. Van der). Cavalerie en marche, A la pierre
noire.

214 **Meyer** (Henri). Paysage : sur la gauche, un moulin à
vent. Au bistre et à l'encre de Chine.

215 **Mieris** (Fr.). Etudes de chiens. 2 dessins. A la pierre
noire.

216 **Mindt** (D. G.). Etude de Chats. Aux trois crayons.

217 Nanteuil (Robert). Portrait de Loménie de Brienne, secrétaire d'État, il a été gravé par l'artiste. Beau dessin à la mine de plomb.

218 Oudry (J.-B.). Homme monté sur un âne, rencontrant trois voyageurs. A la mine de plomb.

219 Pauerwerts. Chevaux et voitures sur une route; dans le fond, on aperçoit la perspective de Paris. Au bistre.

220 Perrier (J.). Projet de statue sur une place publique. A la plume, lavé d'aquarelle. Signé.

221 Pillement (J.). Chaumière dans un paysage. A la pierre noire.

222 Rembrandt (Van Ryn). Le Christ en croix; à sa droite, un des larrons; au pied de la croix, un grand nombre de figures. Beau dessin à la plume, lavé et rehaussé. — Collection Revil.

223 — David bénissant Jacob. A la plume.

224 Reni (Guido). L'Amour endormi. Croquis à la plume.

225 Rotenhamer (Jean). Apollon |et les Muses sur le Parnasse. A la plume, lavé de bistre.

226 Saint-Aubin (A. de). Jeune Garçon tenant son chapeau. Mine de plomb.

227 **Schongauers** (Martin). Sainte Véronique tenant la sainte Face. A la plume.

228 **Sigalon**. Trois femmes près d'une fontaine. A la sépia.

229 **Vecellio** (Titiano). Troupeau en marche dans un paysage. A la plume, lavé et rehaussé.

230 **Velde** (Adrien Van). Femme assise regardant son sein, et trois études pour la même figure sur la même feuille. A la sanguine.

231 **Vernet** (H.). Costume de femme. A l'aquarelle.

232 **Verschuring** (H.). Combat de cavalerie. A l'encre de Chine, signé et daté de 1677.

233 **Wagners** (C.). Paysage. A la plume, rehaussé, sur papier de couleur.

234 Les Muses, les Heures, etc. 8 pièces. Gouaches d'après des peintures antiques.

235 Quatre sujets en largeur, d'après des peintures antiques. Gouaches.

236 Sous ce numéro, il sera vendu plusieurs lots d'estampes anciennes et lithographies.

www.ingramcontent.com/pod-product-compliance
Lightning Source LLC
LaVergne TN
LVHW050330030726
842520LV00005B/1858